Herbert Januschkowetz

Basteln mit Papier

Tolle Ideen für Kinder

ENGLISCH VERLAG

Die Deutsche Bibliothek – CIP-Einheitsaufnahme
Basteln mit Papier: Tolle Ideen für Kinder / Herbert Januschkowetz. – Wiesbaden:
Englisch, 1997
ISBN 3-8241-0724-4

ISBN 3-8241-0724-4

Fotos Peter Wolf
Printed in Germany

Die Ratschläge in diesem Buch sind von Autor und Verlag sorgfältig erwogen und geprüft, dennoch kann eine Garantie nicht übernommen werden. Eine Haftung des Autors bzw. des Verlages und seiner Beauftragten für Personen-, Sach- und Vermögensschäden ist ausgeschlossen. Eine gewerbliche Nutzung der Vorlagen und Abbildungen ist verboten und nur mit ausdrücklicher Genehmigung des Verlages gestattet.

Inhaltsverzeichnis

Vorwort

Basteln muß nicht teuer sein.

Alle in diesem Band vorgestellten Motive habe ich aus Papier gemacht. Es gibt viele Papiersorten, die sich dafür eignen.
Ob Sie nun Ton-, Regenbogen-, Glanz- oder Goldpapier bevorzugen, jede Papierart ist dabei.

Die Motive sind in Form und Verarbeitung einfach gehalten, so daß sie ohne weiteres mit kleineren Kindern angefertigt werden können. Und die Größeren basteln sie schon alleine.

Verschiedene Girlanden können ein Fenster oder ein Zimmer schmücken. Unterschiedliche Motive, die frei vor einem Fenster schweben und sich bewegen, sind von innen und außen immer ein Blickfang.
Auch meist längst vergessene, einfache Faltarbeiten, an die sich bestimmt viele wieder erinnern werden, dürfen nicht fehlen: Himmel und Hölle, ein Schiff, eine Rakete... Natürlich werden auch Sterne in verschiedenen Variationen aus Goldpapier sowie Sonne und Mond nicht vergessen.
Die Arbeiten sind bewußt als Anregungen gedacht. Sie können ausgestaltet und verändert werden, ganz wie es gefällt.

Falt- und Schneideanleitungen gibt es ebenso wie Vorlagen in Originalgröße auf dem Vorlagebogen. Da gelingt das Nachbasteln im Handumdrehen. Und nun geht's los! Man braucht nur ein paar Blatt Papier!

Viel Spaß dabei wünscht

Herbert Januschkowetz

Material und Werkzeug

Material
Für die vorgestellten Motive braucht man farbiges Tonpapier, Regenbogenpapier, gummiertes Glanzpapier sowie Goldpapier und Metallpapier.

Werkzeug
Zum Ausschneiden braucht man eine Haushaltsschere, sehr selten einen Cutter und manchmal eine Lochzange.
Wenn man mit einem Cutter arbeitet, braucht man eine Kunststoffunterlage zum Schneiden. Eine dicke Zeitung kann man statt dessen verwenden.

Zum Malen braucht man normale Buntstifte, einen feinen, wasserfesten, schwarzen Filzstift, normale Filzstifte und einen goldfarbenen Filzstift.

Als Klebstoff kann man jeden normalen Alleskleber verwenden.
Das gesamte Material ist in jedem Schreibwaren- oder Bastelgeschäft erhältlich.

Übertragen der Motive

Zum Übertragen der Motive vom Vorlagebogen auf das Papier gibt es zwei Möglichkeiten:

1. Farbloses Transparentpapier
Man legt das Transparentpapier auf das ausgewählte Motiv auf dem Vorlagebogen.
Dann zeichnet man die Linien mit einem weichen Bleistift nach, legt das Transparentpapier auf das Papier und zieht die Bleistiftlinien mit einem Kugelschreiber nach.
Auf dem Papier ist nun eine eingedrückte Linie sichtbar.

2. Fotokopien
Einfacher ist es, wenn man nach demselben Prinzip mit einer Fotokopie arbeitet.
Zum Durchdrücken eignet sich am besten ein farbiger Kugelschreiber, dann sieht man sofort, wenn man eine Linie vergessen hat.

Kunterbuntes zum aufhängen

1. Gliederkette

Material
- Regenbogenpapier

Anleitung
Das Papier wird in Streifen von ca. 2 cm Breite und 16–18 cm Länge geschnitten. Dann klebt man die Streifen mit ca. 1 cm Überlappung zusammen. Die Kette hält besser, wenn man jede Klebestelle mit einer Wäscheklammer zusammenpreßt, bis der Kleber trocken ist.

Tip
Die Kette kann beliebig lang werden und bei einer Kinderparty den Raum oder den Tisch schmücken.

2. Girlanden

Material
- Regenbogenpapier
- langer Faden

Anleitung
Das Papier wird in Streifen mit der entsprechenden Höhe geschnitten. Dann überträgt man das jeweilige Motiv einmal auf den Anfang des Streifens.
An der gestrichelten Linie wird der Papierstreifen wie eine Ziehharmonika gefaltet. Je nach Länge des Streifens ergeben sich mehrere Lagen, möglichst aber nicht mehr als 4–5. Beim Schneiden verrutschen die Lagen sonst leicht.

Für eine längere Girlande werden mehrere Streifen mit farblosem Tesafilm zusammengeklebt.
Bei dem eingezeichneten Punkt macht man nach dem Falten eines jeden Streifens ein Loch mit der Lochzange oder einer dicken Nadel. Durch das Loch wird ein entsprechend langer Faden gezogen.

Tip
Mit den Girlanden kann man ein Fenster oder sogar, bei entsprechender Länge, ein Zimmer schmücken. Eine tolle Idee für eine Kinderparty!

3. Tanz-Clown

Material
- weißes, blaues und rotes, gummiertes Glanzpapier
- Regenbogenpapier
- Faden zum Aufhängen

Anleitung

Der Clown wird vom Vorlagebogen auf weißes Glanzpapier übertragen. Dabei die Innenlinien nicht vergessen! Dann lassen sich die schwarzen Linien besser nachzeichnen und das Anbringen der roten und blauen Teile ist einfacher. Der Umriß wird großzügig ringsum ausgeschnitten und von hinten die zweite Lage des Glanzpapiers aufgeklebt. Bei gummiertem Papier braucht man dazu nur eine Seite anzufeuchten. So hat der Clown auf der Vorder- und auf der Rückseite die gleiche Farbe. Nach dem Trocknen schneidet man den Umriß genau aus. Mit einem feinen, wasserfesten Filzstift werden die Innenlinien gemalt. Die roten und die blauen Teile fertigt man zweimal und bringt sie jeweils von vorne und von hinten an. An der gestrichelten Linie an einem Schuh wird die Lasche umgeknickt.

Die Spirale wird auf Regenbogenpapier übertragen und ausgeschnitten. Das strichpunktierte Feld in der Mitte der Spirale ist die Klebefläche für die Lasche am Schuh. Spirale und Clown werden zusammengeklebt.

Durch den eingezeichneten Punkt zieht man einen beliebig langen Faden.

Tip

Hängt man den Tanz-Clown an ein Fenster, unter dem sich ein Heizkörper befindet, dreht sich der Clown in der warmen, aufsteigenden Luft.

4. Bienen-Mobile

Material
- braunes, gelbes, schwarzes, blaues und orangefarbenes, gummiertes Glanzpapier
- Rundholz, 3 mm Ø
- Faden zum Aufhängen

Anleitung
Vom Vorlagebogen werden die Umrisse und die Innenlinien auf Glanzpapier übertragen, je 4x von den Bienen und 1x von der Königin. Dann schneidet man die Umrisse großzügig ringsum aus. Von hinten klebt man die zweite Lage des Glanzpapiers an. Bei gummiertem Glanzpapier braucht man dazu nur eine Seite anzufeuchten. So haben die Vorder- und die Rückseite die gleiche Farbe. Nach dem Trocknen werden die Umrisse genau ausgeschnitten. Von vorne und von hinten klebt man die gelben Körperstreifen auf. Am besten läßt man sie etwas länger und schneidet sie erst nach dem Trocknen ab.
Beidseitig aufgeklebt werden auch die Flügel, die Fühler und die Krone der Königin. Die Zacken der Krone schneidet man erst, wenn Vorder- und Rückseite aufgeklebt sind. Die blauen Punkte auf der Krone sind mit einem Bürolocher gemacht. Zum Aufkleben ist hier eine Pinzette hilfreich.
Die Gesichter malt man beidseitig mit einem feinen, wasserfesten Filzstift auf. Durch die eingezeichneten Punkte werden lange Fäden

gezogen, die am Rundholz befestigt und gegen Verrutschen mit einem Tropfen Klebstoff gesichert werden.

Tip
Statt eines Rundholzes kann man auch einen Schaschlikspieß verwenden.

5. Fliegender Schmetterling

Material
- Regenbogenpapier
- Faden zum Aufhängen

Anleitung
Vom Vorlagebogen wird der Körper einmal und die Flügel je zweimal auf Regenbogenpapier übertragen und ausgeschnitten. Zuerst werden die Vorder- und Hinterflügel zusammengeklebt. Nach dem Trocknen bringt man die Flügel vorne und hinten am Körper des Schmetterlings an. Mit einem feinen, wasserfesten Filzschreiber malt man auf einer Seite das Gesicht auf. Um die Flügel des Schmetterlings auseinander zu drücken, schneidet man einen kleinen Streifen zu (s. Vorlagebogen). Er wird an den gestrichelten Linien umgeknickt und wie ein aufgebogenes „U“ zwischen die Flügel geklebt. Durch die eingezeichneten Punkte zieht man einen Faden und macht jeweils an der Innenseite der Flügel einen Knoten. Jetzt kann der Schmetterling am Fenster fliegen.

6. Mond

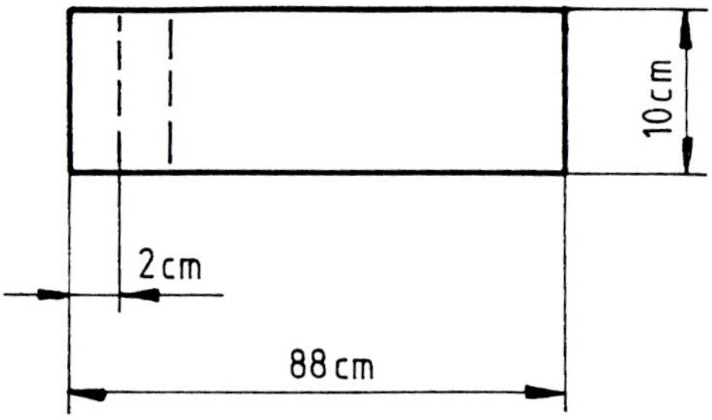

Material
- dunkelblaues Tonpapier
- Regenbogenpapier
- Faden zum Aufhängen

Anleitung
Der Mond wird vom Vorlagebogen zweimal auf Regenbogenpapier übertragen und ausgeschnitten. Das Auge malt man mit einem feinen, wasserfesten Filzschreiber auf, dann legt man die Teile beiseite. Aus einem Streifen Tonpapier, der aus mehreren Streifen zusammengeklebt ist, fertigt man nach den angegebenen Maßen den Ziehharmonika-Schein. Alle 2 cm wird gefaltet. Wenn die Ziehharmonika fertig ist, zieht man durch jede Lage Papier, ca. 1 cm vom Rand, einen Faden durch. Dann wird der Faden soweit zusammengezogen, daß ein Halbkreis entsteht. Der Faden wird in dieser Stellung verknotet, so daß der Halbkreis bestehen bleibt. Beide Monde werden mit Klebstoff bestrichen und von hinten und von vorne auf die Ziehharmonika gelegt. Mit einem leichten Buch beschwert läßt man alles gut trocknen. An einem Faden aufgehängt kann der Mond bei Tag und Nacht am Fenster scheinen.

Faden in dieser Stellung verknoten

7. Sonne

Material
- hellblaues Tonpapier
- gelbes Glanzpapier
- Faden zum Aufhängen

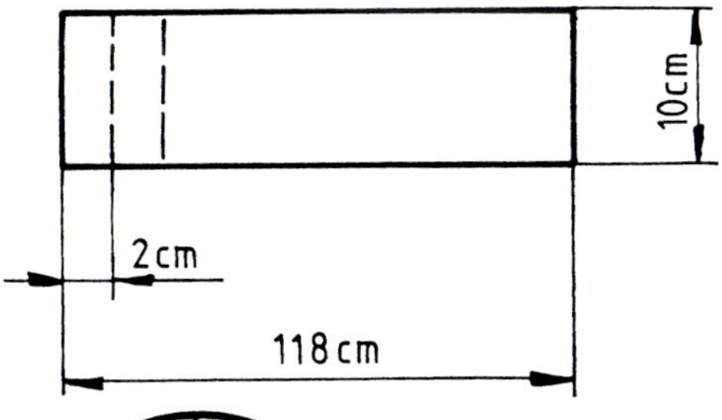

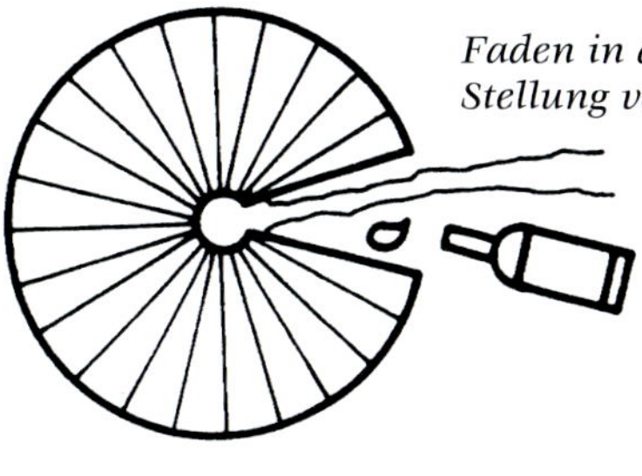

Faden in dieser Stellung verknoten

Anleitung
Die Sonne wird genauso angefertigt wie der Mond auf Seite 12. Der Ziehharmonika-Sonnenschein ist allerdings rund. Deshalb wird der Faden soweit zusammengezogen, bis ein Kreis entsteht. In dieser Stellung verknotet man den Faden und klebt die Ziehharmonika zu einem Kreis zusammen. Mit Wäscheklammern kann man die Teile während des Trocknens zusammenhalten.
An einem Faden aufgehängt scheint die Sonne auch bei Regenwetter.

8. Büsche und Bäume

Material
- Regenbogenpapier oder einfarbiges Tonpapier
- gummiertes Glanzpapier

Anleitung
Die Herstellung der Büsche und Bäume ist immer gleich, egal ob man die Pappel, die Tanne, den Apfelbaum, den kleineren Baum

oder einen Busch basteln möchte. Beim Übertragen der Motive ist es wichtig, daß auch die gestrichelten und strichpunktierten Linien nicht vergessen werden.
Wenn man die Umrisse ausgeschnitten hat, schneidet man an den strichpunktierten Linien ein. An den gestrichelten Linien wird das Papier umgeknickt. Das ergibt

die Klebefläche, mit der das Teil auf der Standfläche befestigt wird. Das Teil, das von oben eingeschnitten wird, klebt man zuerst auf die Standfläche, im 90-Grad-Winkel dann das von unten eingeschnittene Teil.
Die fertigen Bäume und Büsche können noch mit Äpfeln oder Punkten verziert werden. Sie sind aus gummiertem Glanzpapier angefertigt.

Man klebt den Äpfeln zuerst den Stiel von hinten an. Nach dem Trocknen werden die ganzen Äpfel am Baum befestigt.
Die Punkte habe ich mit einem Bürolocher angefertigt. Man braucht sie nur anzufeuchten und aufzukleben. Eine Pinzette ist hier sehr hilfreich.

9. Tiere

Material
- weißes Schreibmaschinenpapier
- buntes Tonpapier
- Buntstifte

Anleitung
Die Tiere können entweder aus farbigem Tonpapier oder aus Schreibmaschinenpapier angefertigt und dann angemalt werden. Vom Vorlagebogen drückt man die Umrisse und sämtliche Innenlinien durch. Das erleichtert später das Anmalen mit Buntstiften. Die Innenlinien können auch auf die Rückseite übertragen werden, dann sehen die Tiere auf beiden Seiten gleich aus.
Wenn man bei den Tieren abwechselnd einen Fuß nach vorne und einen nach hinten leicht umbiegt, können sie stehen. Die Schlange drückt man in Wellenform.

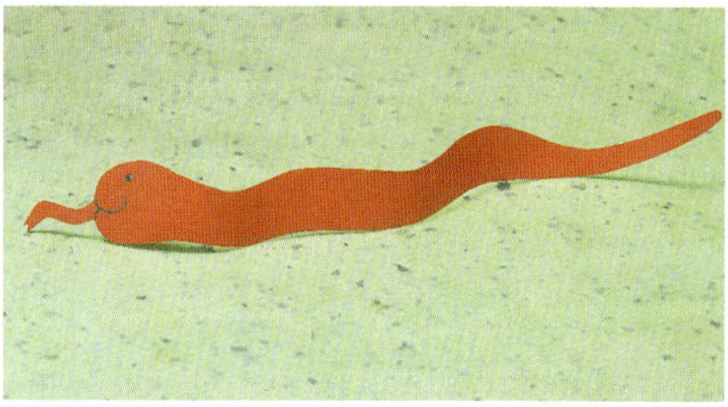

Bei der Gans werden die Laschen an den Füßen an den gestrichelten Linien einmal nach vorne und einmal nach hinten umgeknickt und auf die Standfläche geklebt.

Tip
In Kombination mit Büschen, Bäumen und Zaun können sich Kinder eine tolle Geschichte ausdenken und nachspielen.

10. Drachen

Material
- Regenbogenpapier
- blauer Wollfaden

Anleitung

ca. 1 cm schräg zur Mitte abschneiden

Ecken zur Mitte umknicken und festkleben

Schwanzschnur gleich mit einkleben

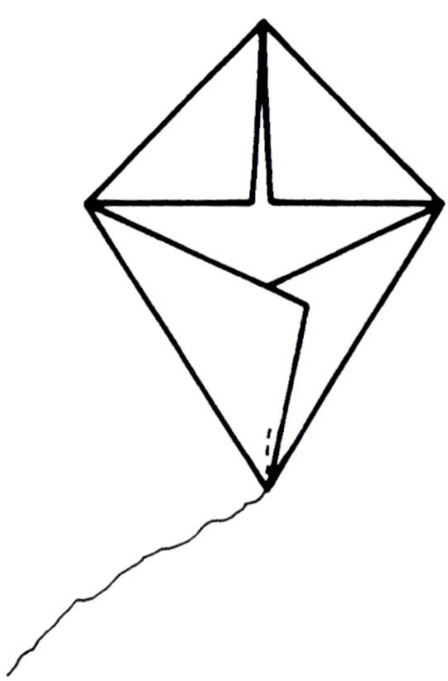

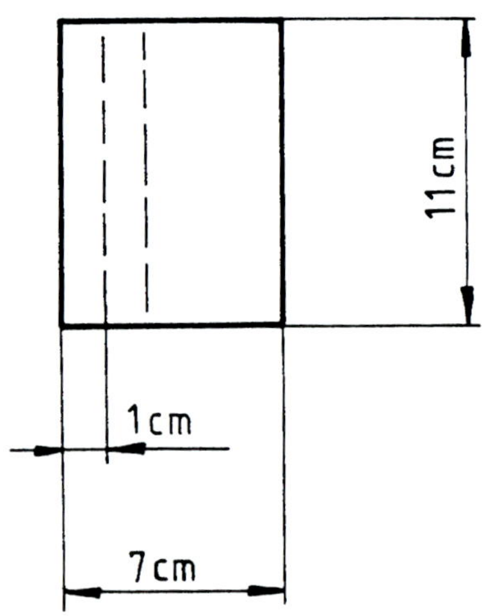

Zuschnitt für Schwanzquaste

Der Schwanz wird aus ca. 11 cm breiten und 7 cm langen Streifen angefertigt. Man faltet das Papier alle 1 cm um, bis eine Ziehharmonika entsteht. Die Quasten werden auf die eingeklebte Schnur am Drachenkörper aufgezogen. Dazu macht man zuerst einen Knoten, sticht die Quaste in der Mitte durch, und wenn die Quaste am Knoten sitzt, macht man hinter der Quaste noch einen Knoten.

Tip

Den Drachen kann man vor das Fenster, aber auch an die Wand hängen.

11. Schiff

Material
– Regenbogenpapier

Anleitung

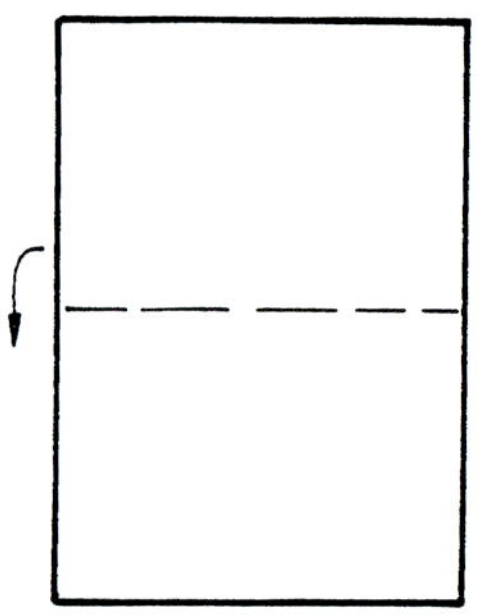

zur Hälfte knicken

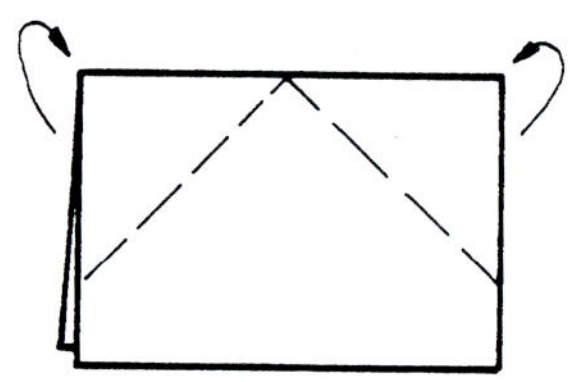

über die Mitte knicken

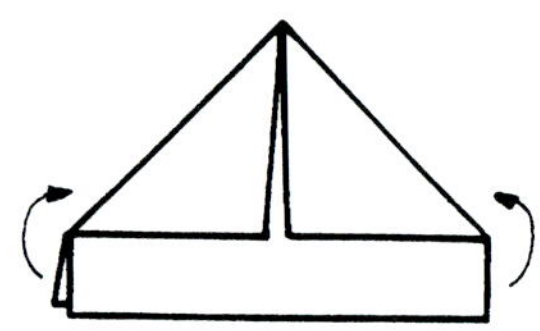

Rand beidseitig hoch-knicken

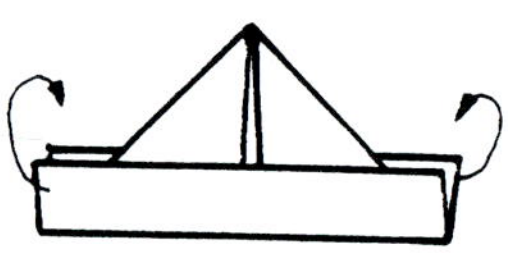

Ecken nach vorne und nach hinten knicken

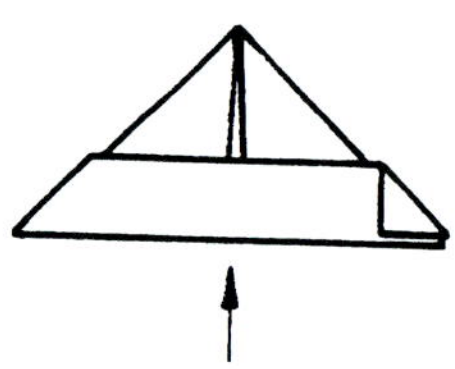

von unten öffnen

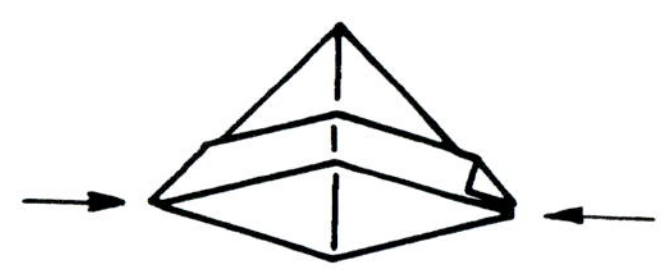

zusammenknicken

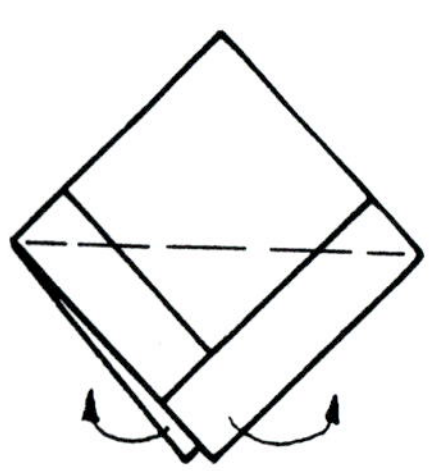

über die Mitte nach oben knicken

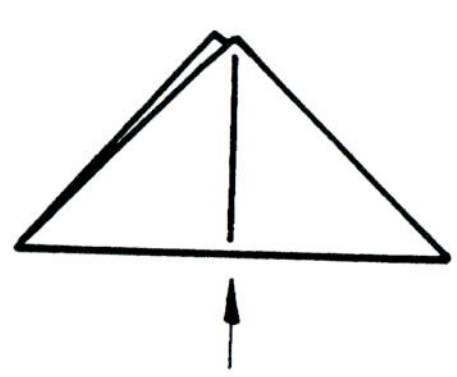

von unten öffnen

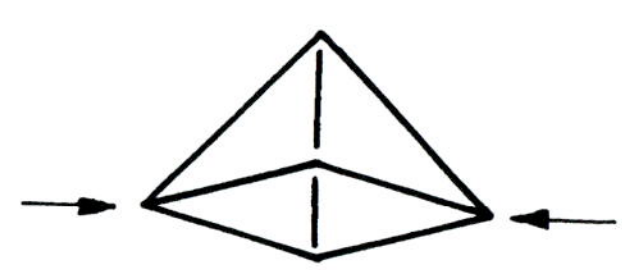

zusammenknicken

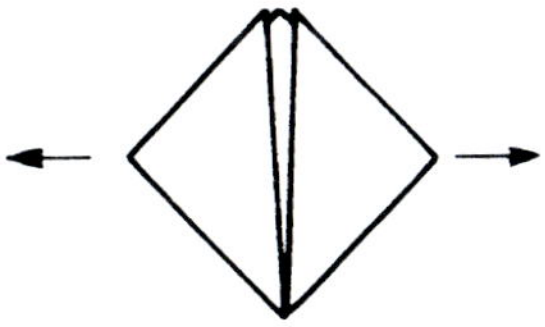

seitlich auseinanderziehen

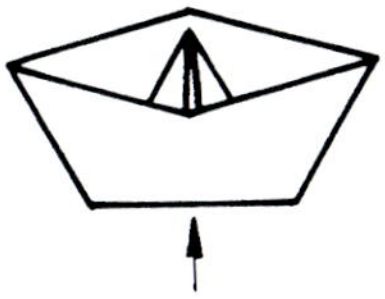

von unten öffnen

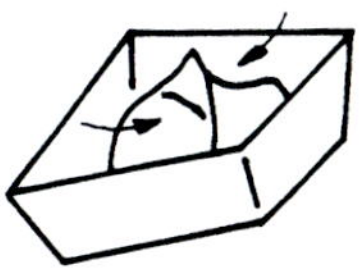

Spitze zur Zipfelmütze zusammendrücken

12. Rakete

Material
- Regenbogenpapier

Tip
Rakete und Schiff können aus jeder beliebigen Papiersorte hergestellt werden.

Anleitung

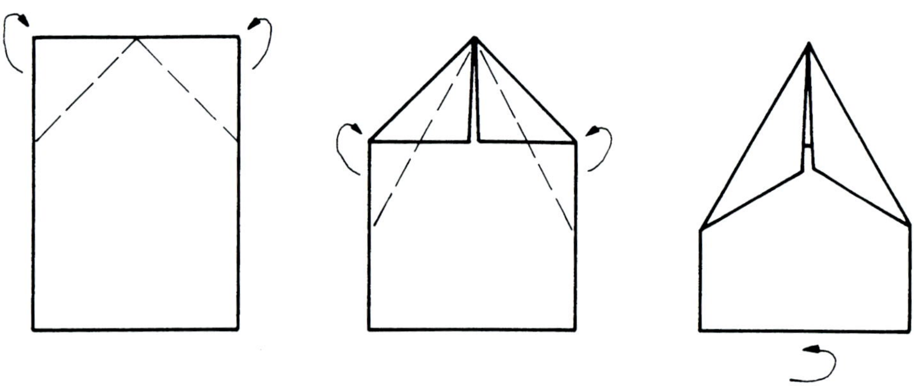

Ecken auf Mittelachse knicken *Ecken nochmals knicken* *Teil umdrehen*

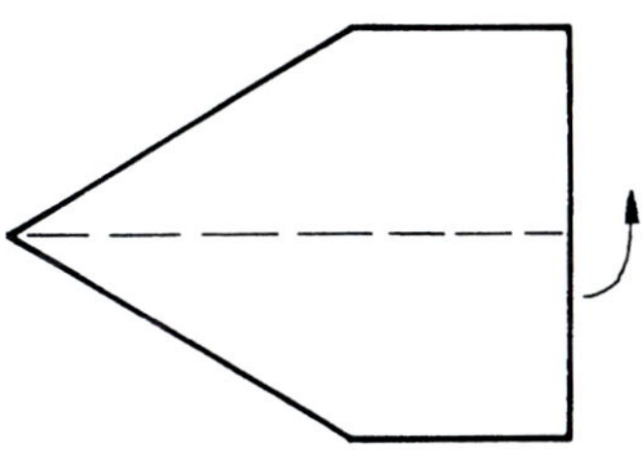

in der Mitte nach oben knicken

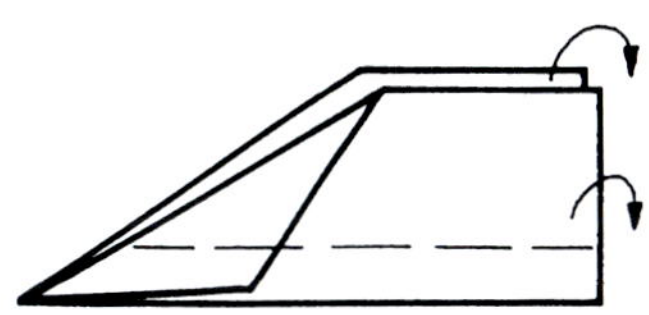

nach vorne und nach hinten knicken

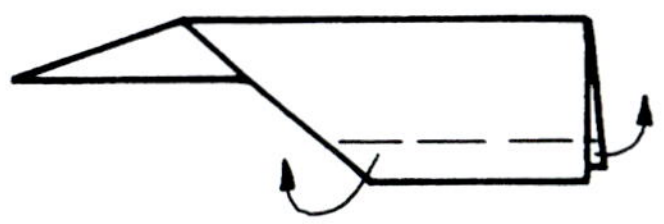

beide Seiten nach oben knicken

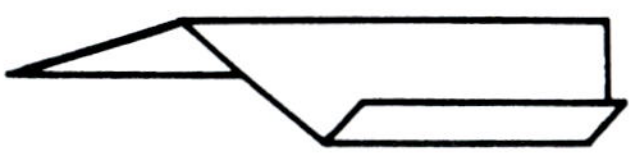

13. Himmel und Hölle

Grundform

Material
- weißes Papier
- roter und blauer Filzstift

Anleitung

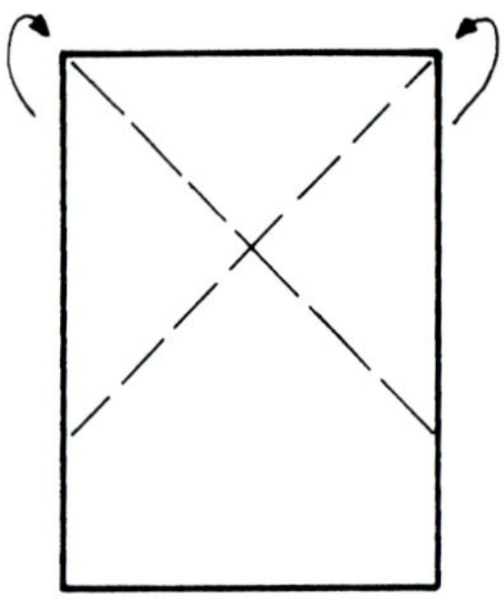

diagonal knicken

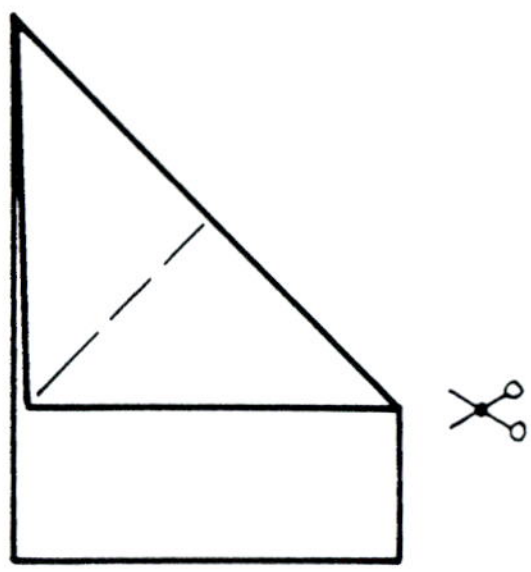

abschneiden, wieder auffalten

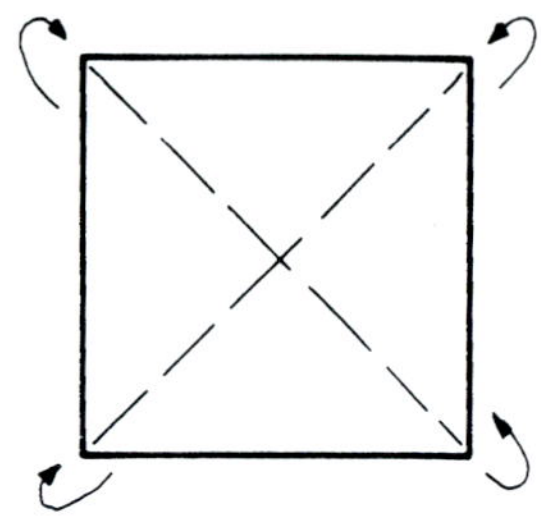

Ecken zur Mitte knicken

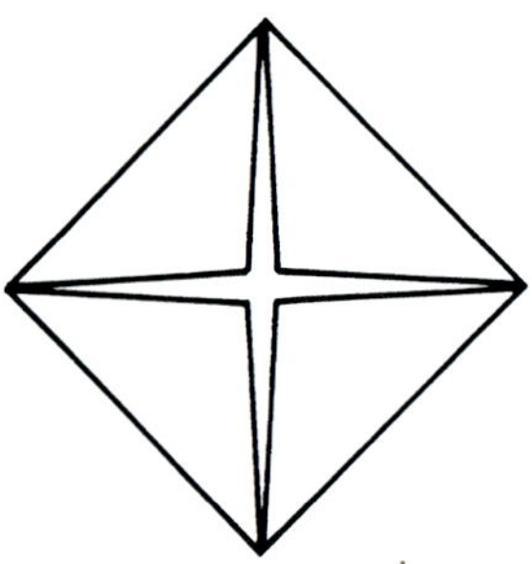

umdrehen

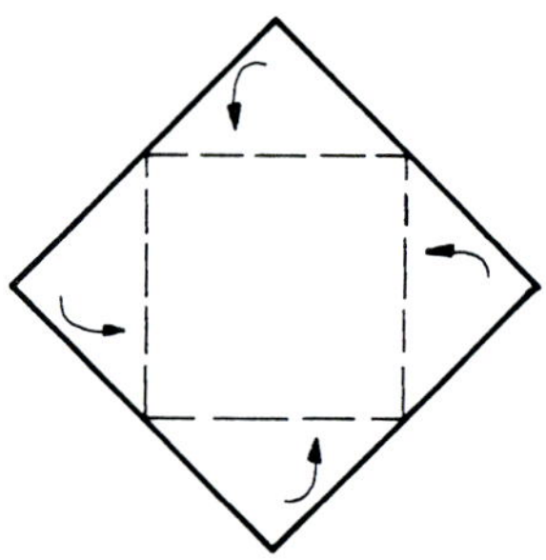

Ecken zur Mitte knicken

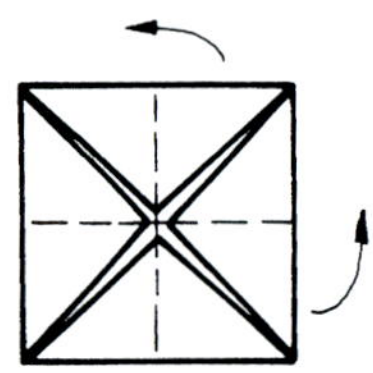

über die Mitte nach hinten knicken

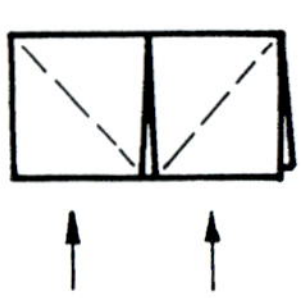

mit den Fingern unter alle vier Laschen greifen und in Form drücken

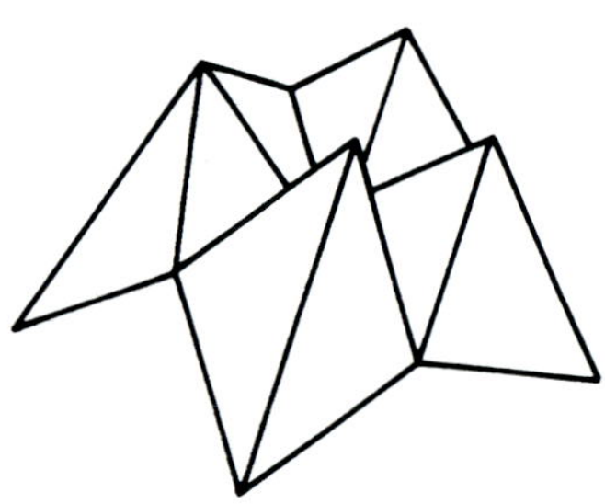

Die Felder werden so ausgemalt, daß, wenn man das Spiel öffnet, entweder die blauen oder die roten Dreiecke zu sehen sind.
Aus dieser Grundform lassen sich tolle Tierfiguren basteln.

Löwe

Material
- gelbes, braunes, rotes und orangefarbenes Glanzpapier

Anleitung
Zuerst wird aus dem gelben Glanzpapier ein „Himmel und Hölle" gebastelt. Dann überträgt man den Kopf vom Vorlagebogen auf Glanzpapier und schneidet ihn aus.
Das Gesicht wird mit einem feinen, wasserfesten Filzstift aufgemalt, die Zunge aufgeklebt. Das fertige Gesicht befestigt man auf der Mähne.
Vom „Himmel und Hölle" werden die beiden oberen Ecken ca. 2 cm schräg abgeschnitten, senkrecht dazu klebt man zwei Innenflächen zusammen. Mit Wäscheklammern werden sie zusammengehalten, bis der Kleber trocken ist.
Dann wird die Mähne mit aufgeklebtem Gesicht auf dem „Himmel und Hölle" befestigt.

Hase

Material
- rotes, gelbes und weißes Glanzpapier

Anleitung
Zuerst wird aus dem roten Glanzpapier ein „Himmel und Hölle" gebastelt. Dann werden die Teile vom Vorlagebogen auf Glanzpapier übertragen und ausgeschnitten. Die schwarzen Konturen werden aufgemalt.
Vom „Himmel und Hölle" schneidet man die zwei oberen Ecken ca. 2 cm schräg ab. Senkrecht dazu klebt man zwei Innenflächen zusammen. Mit Wäscheklammern werden sie gepreßt, bis der Kleber trocken ist.
Beim Aufkleben der Gesichtsteile ist eine Pinzette sehr hilfreich.

Maus

Material
- blaues, gelbes und weißes Glanzpapier

Anleitung
Die Maus wird genauso gebastelt wie der Hase.

Tip
Mit den Figuren läßt sich eine lustige Geschichte spielen, besonders weil sich die Münder öffnen lassen.

Steh-auf-Karten

Material
- Regenbogenpapier

Anleitung
Beide Karten werden auf dieselbe Art gebastelt. Zuerst wird die Karte nach den angegebenen Maßen ausgeschnitten und in der Mitte zusammengefaltet. Man schneidet dem Motiv entsprechend mit der Schere an der geschlossenen Seite ca. 1,5 cm tief ein. Dann öffnet man die Karte und knickt die Laschen, entsprechend der Zeichnung, nach innen um. Das sind die späteren Klebeflächen.

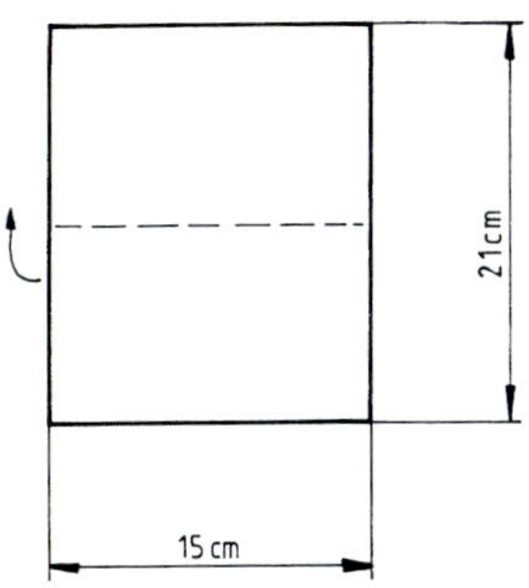

Kartenzuschnitt

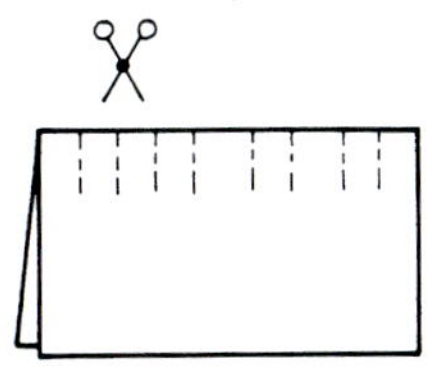
ca. 1,5 cm tief einschneiden

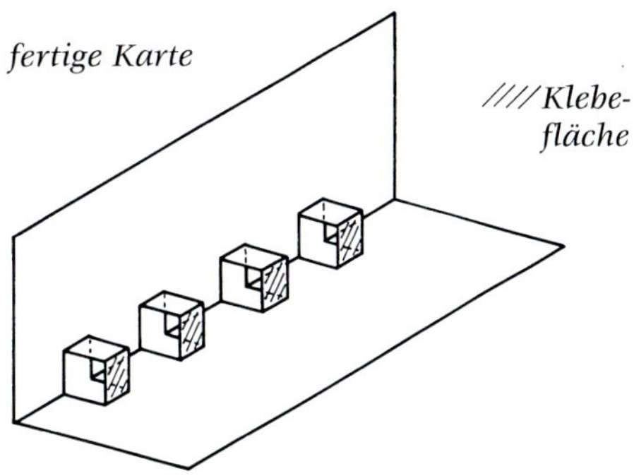

eingeschnittene Laschen nach innen umknicken

14. Hase

Vom Vorlagebogen werden alle Teile auf Regenbogenpapier übertragen und ausgeschnitten. Die Innenausschnitte vom Zaun schneidet man am besten mit dem Cutter. Zaunlatten und Nägel werden aufgemalt, dann der Busch und der

Hase aufgeklebt. Sein Gesicht malt man mit einem feinen, wasserfesten Filzstift. Auf die Laschen der vorbereiteten Karte gibt man ein wenig Kleber und bringt das fertige Motiv an. Dann klappt man die Karte vorsichtig zu und beschwert sie mit einem leichten Buch.

Tip
Ist das nicht ein origineller Ostergruß?

15. Schneemann

Diese Karte wird genauso gebastelt wie die Karte mit dem Hasen auf Seite 27. Die Sterne an Himmel werden mit einem goldfarbenen Filzstift aufgemalt.

Tip
Diese Karte kann man auch als Weihnachtsgruß verwenden.

16. Einfacher Stern

Material
- Goldpapier

Anleitung

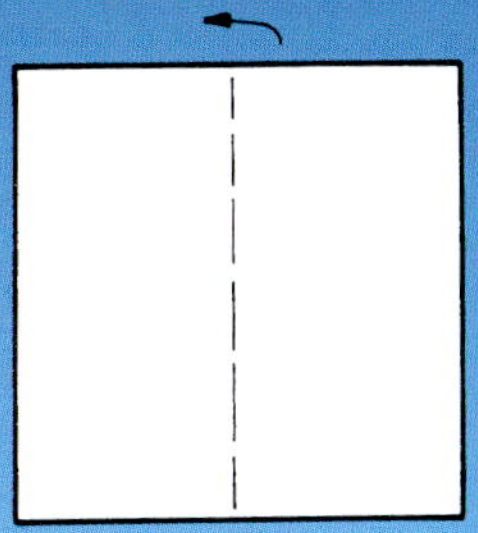

über Mitte knicken

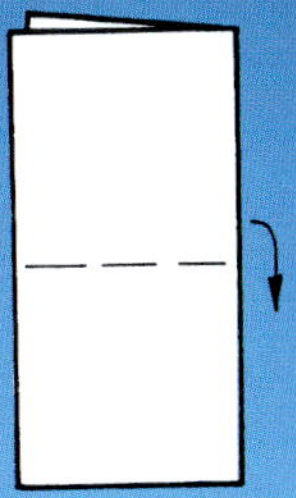

über Mitte nach unten knicken

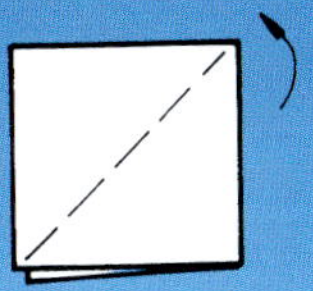

diagonal knicken

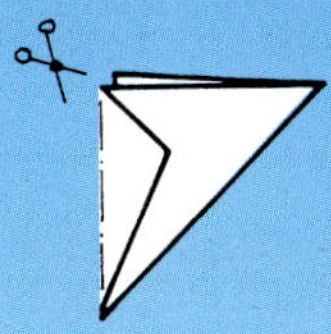

einschneiden

17. Zackenstern

Material
- Goldpapier

Anleitung

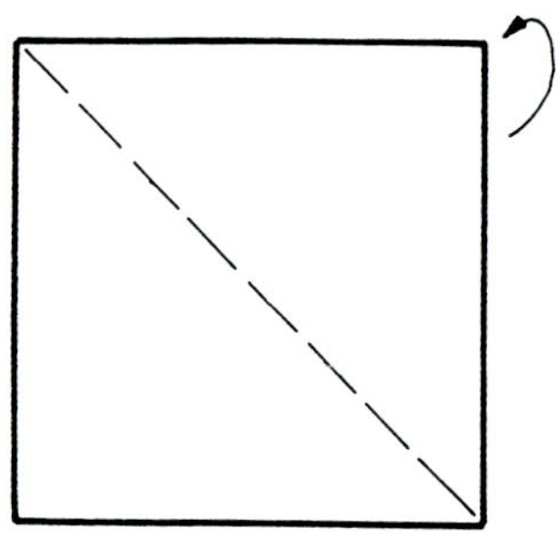

diagonal knicken

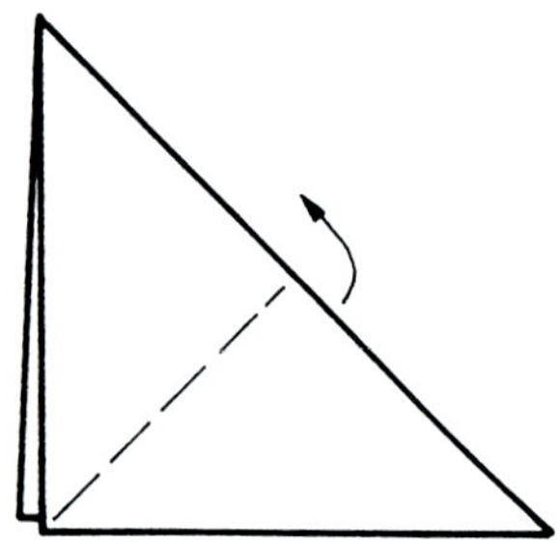

nach oben knicken

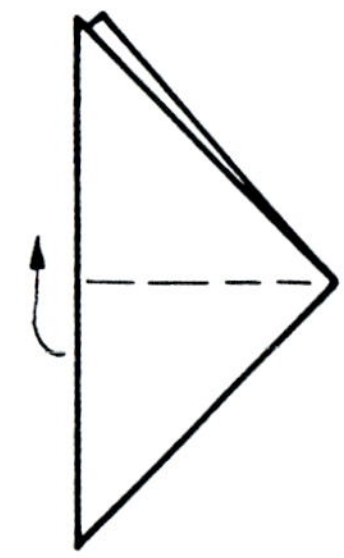

nochmal nach oben knicken

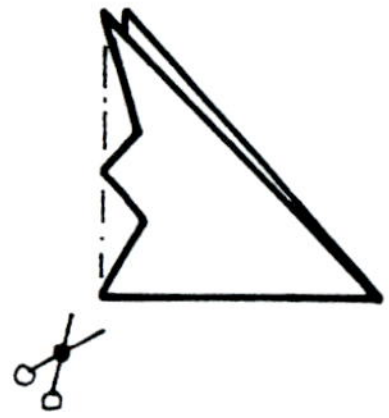

an der offenen Seite einschneiden

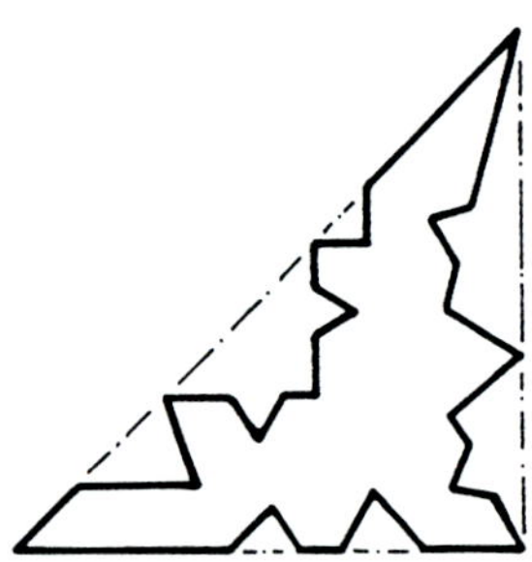

rundum beliebig einschneiden

18. Sternengirlande

Material
- zweifarbiges Metallpapier

Anleitung

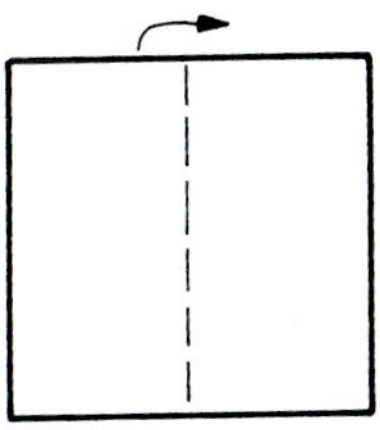

in der Mitte knicken

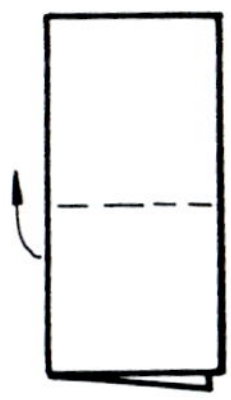

über die Mitte nach oben knicken

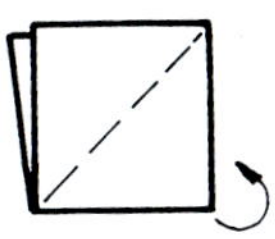

diagonal knicken

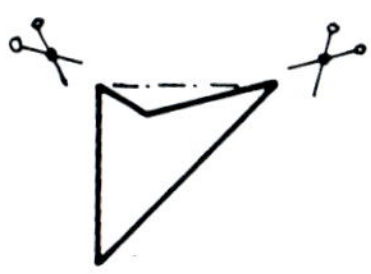

einschneiden (Außenkontur)

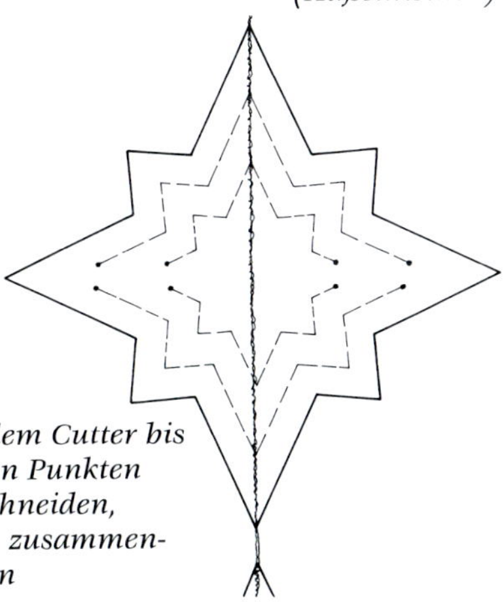

mit dem Cutter bis zu den Punkten einschneiden, dann zusammennähen

An den gestrichelten Linien schneidet man mit dem Cutter bis zu den Punkten ein, so daß ein Steg stehen bleibt.

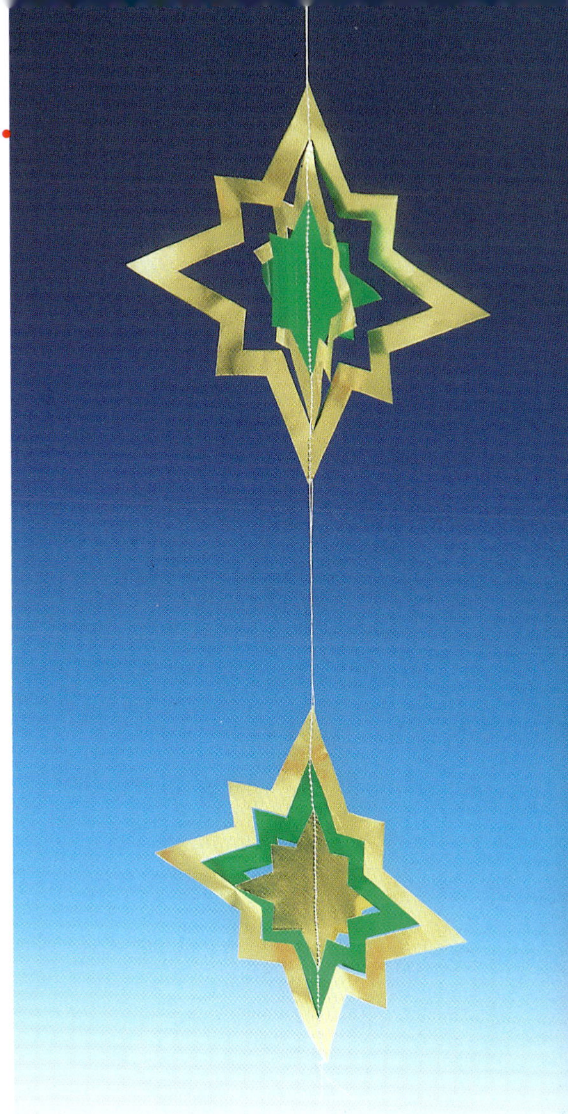

Wenn man mehrere Sterne geschnitten hat, näht man sie mit einigem Abstand aneinander. Dann erst werden die verbliebenen Stege durchgeschnitten. Die Sterne können sich jetzt in sich drehen. Die Länge der Girlande und die Größe der Sterne ist beliebig.

Tip

Die Girlande kann in der Weihnachtszeit ein Fenster oder auch den Weihnachtsbaum schmücken.

ENGLISCH VERLAG kreativ

ISBN 3-8241-0692-2
Broschur, 16 S., 2 Vorlagebogen

ISBN 3-8241-0688-4
Broschur, 64 Seiten

ISBN 3-8241-0682-5
Broschur, 32 S., Vorlagebogen

ISBN 3-8241-0644-2
Broschur, 32 S., Vorlagebogen

ISBN 3-8241-0677-9
Broschur, 32 S., Vorlagebogen

ISBN 3-8241-0728-7
Broschur, 32 Seiten